Les
vrais mots
de d'enfants

Dans la même collection

Le cabinet de curiosité

Excusez les parents, Pierre Ferran
Les vrais mots d'enfants, Pierre Ferran
Les perles du courrier administratif, Pierre Ferran
Les perles de la Littérature, Pierre Ferran
L'amour à la carte, Pierre Ferran
1,50 F la ligne,
De si jolies petites annonces 1870-1900, Anne Galey
Manuel du savoir-mourir, André Ruellan, avec
des dessins paniques de Topor, Prix de l'Humour noir 1963

Pierre Ferran

Les vrais mots ~~de~~ d'enfants

Horay

22 bis passage Dauphine 75006 Paris
e-mail : editions@horay-editeur.fr

ISBN : 2-7058-0284-3

Si nous nous portons garant de l'authenticité des mots d'enfants rassemblés ici*, c'est pour la bonne et simple raison que leur récolte, comme celles, en d'autres lieux, du thym, de l'ail, de la camomille ou du champignon, fut l'objet d'une entreprise locale, n'ayant pas dépassé les limites d'un terroir à l'intérieur desquelles il était facile de remonter aux sources en supprimant les incertitudes ou les abus des retransmissions orales. En fait, la plupart de ces mots et des textes connexes ont été recueillis directement, sur le terrain même; quand nous l'avons noté, nous avons reproduit en marge le prénom de leur auteur, sans le modifier non plus, afin que chacun au besoin, puisse reconnaître son dû.

*Sinon du caractère inédit de l'ensemble, plusieurs d'entre eux s'étant trouvés diffusés ou spontanément reproduits ailleurs.

Ce souci de vérité a, bien entendu, donné à notre sélection un tour restreint; mais il lui a conféré une unité qui nous renseigne, mieux qu'il n'est possible à certains anas, sur la forme de l'esprit enfantin, à qui l'on prête si légèrement tant de perles apocryphes.

Nous savons que l'enfant, tout entier absorbé par l'appréhension et le maniement du langage, conduit son entreprise avec rigueur, procédant par actions simples, à sens unique, avec références constantes à l'acquis, au réseau des classes et des relations déjà constitué. C'est dire que sa démarche exclut toute fantaisie, toute désinvolture; que, s'il bronche, ce n'est point de façon délibérée; et que ses mots - exception faite pour ce genre spécial de petites réparties orales, où se manifeste seulement soit l'effervescence d'une gouaille et d'une impertinence spontanées, soit la candeur du regard neuf s'énonçant sans le recours aux stéréotypes - sont les fleurs épineuses de son noviciat.

Ils n'ont jamais cette virtuosité des saillies de l'adulte, en lesquelles s'épanouit le calembour, se révèle le jeu. Ni étincelants, ni frivoles, ils sont seulement, le plus souvent, le résultat de malfaçons en cours d'apprentissage : maladresses, tournures fautives, confusions, tropes, etc.

On constatera cependant que la logique n'y perd jamais ses droits. L'enfant a horreur du non-sens, de l'incohérence. Si sa démarche semble obscure, c'est parce que nous n'apercevons pas les relations qui l'ont suscitée. Nous nous trouvons ici à la lisière de deux mondes. Là-bas, on ne parle pas pour amuser, mais pour comprendre. Aucune question n'est gratuite. Elle est la palpation soudainement jaillie d'un grand rhizome à la conquête de son univers.

C'est pourquoi, en fait, il n'y a pas d'enfant spirituel par artifice, pas de mots délibérés, pas d'humour juvénile préconçu. Ce qui nous fait sourire est toujours d'une gravité, d'une probité exemplaire. Les enfants cherchent à savoir, en questionnant, en postulant.

Nous qui les avons embarqués, nous qui n'ignorons plus qu'aucune interrogation, jamais, ne sera satisfaite, nous sommes là pour les préparer à l'affrontement de cette angoisse, non pas pour en distraire sans retenue à l'expression de leur candeur.

Amusons-nous tant qu'ils ne sont pas là.
Mais, en leur présence, acceptons avec sérieux les formules les plus apparemment cocasses de leurs questionnaires.
Ils se rendront compte toujours bien assez tôt que nous n'en savons pas plus qu'eux.
Et que nous rions souvent pour masquer notre embarras.
Quelques pages blanches, à la fin de l'ouvrage, permettront à chacun de compléter cette collection lapidaire en y notant ses petits mots d'enfants trop souvent effacés de nos mémoires.

Nathalie demande gentiment :

un cygne ç'est
un canard en
marié ?

Question
posée au Certificat d'Etudes :
"Que doit-on à Pasteur ?"
Réponse :

Beaucoup de
reconnaissance
et un
grand
merci.

Zoologie péremptoire :

Le petit de l'âne

est ~~et~~ le

hanneton

Zoologie péremptoire (bis) :

la girafe a

un cou de

pompe.

Zoologie péremptoire (ter) :

le sanglier,

l'allée et ses petits

mocassins

Rédaction :

au fur et a
mesure que
la barque entrait
dansla mer, la
mer entrait dans
la barque.

Rédaction : "Le camping"

pendant que
maman prépare
le repas, papa
monte
la grosse
tante.

Note : Le substantif mal orthographié permet de prendre ici le verbe à contresens, provoquant le rire. On remarquera que la confusion entre homonymes est la source de nombreuses équivoques scripturales.

A quoi sert le baromètre ?

il sert a
s'accrocher au
mur.

Enseignement ménager :
Citez un animal
dont la peau s'emploie
pour astiquer ?

C'est
l'asticot

2 mots de la
même famille
sont 2 mots qui
se ressemblent
comme
tortue et torturer,
et quand on lui
fait du mal elle
rentre dans sa
coquille.

Ghislaine, 9 ans

ausculter un
malade c'est lui
tater certains os.

Evelyne, 11 ans

Texte libre de Jean-François, 9 ans

j'ai 2 brebis
dont je vais vous
dire le nom. la plus
vieille
s'appelle suzette et
la plus jeune trompettè.
elles sont gentilles.
je
les aime bien.
trompette mange
de tout: des fritès
de la moutardé de
la viande et des
cornichons.

Texte libre de Marc, 8 ans

mon cochon
jonas le jour
de sa mort.
mon cochon
est mort un
samedi?

papa etait a
un enterrement et
maman aussi.
il y avait mon
oncle a la maison
on attendait le

charcutier enfin,
avant de tuer
jonas je montai
sur son dos une
dernière fois après
on l'a pris
par les oreilles
et la queue et il est
allé a la casserole.
je l'ai
regrette parce qu'il
était beau et pas
méchant il était
bien bon aussi

Texte d'Alain, 8 ans :

moi j'ai des
chèvres, j'en ai 4
la première est
de couleur
marron
la 2eme est de couleur
blanche et
marron

et elle a aussi
une raie noire
sur le dos. la
3eme est une
petite chèvre
de 15
jour noire et
marron
et la 4eme
est un bouc

Les soirs d'octobre, je
prendrai ma pelerine,
mon vélo et mon chien
tino et tous les quatres
nous irons respirer
l'air pur.

Texte libre d'Annie, 9 ans

Instruction civique :

le conseiller
général est élu pour
six ans et se renouvelle
par moitiée tous les
trois ans.

les

crapauds

chantent

goutte à

goutte

Odile, 13 ans

le naja est
un serpent qui
nage.

Note : L'étymologie ne fait pas broncher que les enfants. Nombre de grammairiens modernes contestent certaines origines, plaisantes, mais sujettes à caution car provenant d'un temps où l'étymologie était plus un art qu'une science. Joseph de Maistre ne voyait-il pas dans "cadavre" (cadaver) une abréviation de *Caro data vermibus* : chair donnée aux vers ?

elle a des toiles
d'araignée sous les
bras.

pour téter, les
petits cochons se
branchent
automatiquement
sur leur
mère.

Sylviane, 12 ans

penché sur
son vélo le
facteur agite
artistement les
jambes.

un lac
c'est une île
a
l'envers

Gilbert, 7 ans

Définition :

un eclair
c'est un gateau qui
passe trop vite.

quelque chose
lui a fait
quelqu'un !

A la récréation, Corinne, 5 ans, remarque un petit camarade en pleurs, et explique ainsi la mésaventure.

Surpris par ses pleurs subits,
l'instituteur s'approche du banc
de la petite fille, 5 ans, et avise
une flaque suspecte sur le pavé.
Il va gronder, mais la coupable
le devance et se défend
en affirmant :

*non, non, c'est
l'eau des
yeux!*

Surprise par une distinction
qu'elle vient juste de découvrir
et qui l'intrigue, Martine, 7 ans,
interroge :

les pianos
sans queue on
leur a coupée
ou quoi ? -

Question
posée au Certificat d'Etudes :
"Qu'est-ce que l'Asie Mineure ?"
Réponse :

c'est tous les
petits
Chinois.

Il est souvent fait usage, dans les petites classes, d'exercices de vocabulaire “à trous”. Ce sont de courtes phrases dans lesquelles un mot est omis, seulement suggéré par son initiale. Il s'agit pour les jeunes élèves, d'exercer leur sagacité afin de le rétablir dans son intégralité. A 6 ans, c'est souvent périlleux.
En voici la preuve :

Le fusil, le sabre et le pistolet sont des a...

vertissements

Au bal, les garçons et les filles d...

isparaissent

Ce serpent a du venin qui tue, c'est une v...

ache

Le nègre est noir, mais le chinois est j...

La cafetière est pleine, on la penche un peu
pour v...

Our

Pan! Ce n’est pas un revolver
qui tire, c’est un p...

Olivier

Pour aider maman à éplucher
les légumes sans me salir,
je prends mon t...

emps

une petite
faux
s'appelle une
faucette

Note : Nous avons retrouvé ce mot, mentionné sous une forme à peu près identique dans les notes de Victor Hugo rassemblées par Henri Guillemin sous le titre *Pierres* (Ed. Milieu du Monde).

- Dépêche-toi !

Gérard, 5 ans 1/2 :

je m'epêche!

je m'epêche!

- Tu exagères !

Camille, 4 ans 1/2 , vexée :

Non,
j' ~~sois~~ suis pas
xagère

les petits de la jument
s'appellent des jumeaux

Tu me fais licite
ou tu me fais pas licite ?

Julie, 5 ans

Que fait un ballon rempli de gaz ?

iL GAZOUiLLE

Sortie d'école :

A la visite
musical la dame
m'a dit
que j'aitais

contamiteuse

Anna, 5 ans

Un enfant de 4 ans,
parlant d'un docteur :

est-ce qu'il
sait aussi
soigner les
morts ?

Un enfant reste indécis
devant son assiette de lentilles.
On lui demande
pourquoi il ne mange pas :

je ne sais pas
par laquelle
commencer.

Réflexion
d'une fillette de 4 ans
devant une coupe
qui pétille :

Oh ! maman
le champagne
qui se dégonfle !

- Comment on fait les bébés ?
Réponse d'Antoine, 7 ans 1/2, à sa petite soeur :

Et bien
les supermatozoïdes
font la petite graine
dans le ventre
de la maman
et
c'est le plus fort
qui gagne

Réflexion lancée au cours d'un repas
chez des amis de la famille,
par Pierre, 8 ans,
lassé de se voir contraint d'ingurgiter
de nombreux plats,
dont certains étaient visiblement des restes.

*est-ce que
vous me
prenez
pour une
poubelle ?*

Question posée par Nathalie, 5 ans, malade,
à qui on apporte le thermomètre :

dis, maman
tu vas prendre
mon
numéro ?

Benjamin, 10 ans, à sa grand-mère,
hésitant à se mettre en maillot de bain
après une opération de l'arthrose des hanches :

tout le monde
s'en fout
que t'aies
le cul
entre parenthèses.

Régine dit :

Les canards ont
les yeux pleins de
maïs.

au lieu de :
“les canards
ont les yeux plein de malice”

Dominique, 7 ans, lit :

Les joues humides de l'armée

pour :
“Les joues humides de larmes”

Bayard était
habillé en russe...
Bayard était
habillé en russe!

répète Nicolas, plongé dans sa leçon d'histoire.
Intrigué, on se penche sur son livre et l'on trouve :
"Bayard était habile et rusé".

le parfum des
frangines a
pied

Contrepèterie involontaire de François, 12 ans,
en lisant un texte dans lequel
on évoquait celui des frangipaniers.

germaine
ladjefi

Cette suscription bizarre, sur ce cahier de petite fille, n'est pas la mention du nom de sa propriétaire, mais la transposition du titre de la leçon du jour : "Grammaire, l'adjectif".

sur le bord
du chemin je
rencontrai un
aigle entier.

a écrit Roger, 10 ans, sur son cahier.
La phrase dictée était, bien entendu, la suivante :
“Sur le bord du chemin,
je rencontrai un églantier”.

Sur ce cahier,
"J'aime la saison des vendanges"
est innocemment devenu :

j'aime la
saison des
vents d'anges.

Trouvé dans un devoir :

Le vieux marin
allait charge de
son phare
d'eau.

Trouvé dans un texte pour
“Une messe de requiem” :

UNE MESSE
DE
REQUIN

- Pousse-toi de devant mon jour !

ah ! mais dit,
c'est pas a toi
tout seul le
jour !

Jean-Pierre, 6 ans

- Veux-tu du pain sec ?

Ah oui, parce que moi
je n'aime pas le pain
mouille!

Annie, 4 ans

Assistant à l'embarquement des meubles par les déménageurs,
et avisant l'aïeul paralytique dans son fauteuil,
Patrick interroge :

*est-ce qu'ils vont
emporter grand-père
aussi ?*

Puni, Jacques, 4 ans, pourfend
son bourreau d'un oeil noir
et déclare tout net :

je voudrais que

tu meures!

Par quoi éclaire-t-on
la mer
la nuit ?

Par
le
bas

Additifs

personnels

Saisi sur
Macintosh
composé en
Times de corps 13
et de mains enfantines
cet ouvrage a été imprimé
en août 1999
sur les presses de l'imprimerie Corlet
pour le compte de
Pierre Horay Editeur
à Paris

N° d'éditeur : 909
N° d'imprimeur : 40459
Dépôt légal : septembre 1999
Imprimé en France